LEIF ERIKSON

El descubrimiento de América

Por Julie Lorang
En colaboración con Thomas Jacquemin
Traducido por Laura Bernal Martín

Historia 

LEIF ERIKSON

- **¿Nacimiento?** C. 970, probablemente en Islandia
- **¿Muerte?** C. 1020, probablemente en Groenlandia
- **¿Objetivos de la expedición?**
  - Fundación de una colonia
  - Búsqueda de nuevas riquezas
- **¿Regiones del mundo exploradas?** Las costas de Labrador y Terranova (Canadá)
- **¿Descubrimiento destacado?** América, unos 500 años antes que Cristóbal Colón

Leif Erikson es un navegante vikingo que se establece en Islandia y posteriormente en Groenlandia, y que habría descubierto América hacia el año mil de nuestra era, es decir, unos 500 años antes que Cristóbal Colón (navegante genovés, 1450/1451-1506).

Aunque las creencias populares a menudo asocian a los vikingos con los saqueos, lo cierto es que, al contrario, los vikingos fueron grandes exploradores y hábiles comerciantes que establecieron colonias en Europa, en el Mediterráneo, a lo largo del mar Negro y hasta en Norteamérica. La superioridad tecnológica de sus navíos, capaces de hacer frente a los océanos, y su agudo sentido de la orientación, adquirido a lo largo de generaciones, les permite superar al resto de Europa en el ámbito de la navegación y aventurarse en tierras aún inexploradas.

Leif Erikson y sus hombres descubren Vinland, una tierra

rica y abundante situada al noreste de Canadá, en la isla de Terranova. Los vikingos se establecen en este enclave durante varios años, antes de tener que renunciar a sus riquezas debido a la presencia de poblaciones amerindias. Sin embargo, este descubrimiento, increíble para la época, fue olvidado durante casi nueve siglos, antes de que los historiadores y los arqueólogos se volvieran a interesar por las sagas escandinavas, que siguen el extraordinario recorrido de este gran explorador.

BIOGRAFÍA

Estatua de Leif Erikson en Qassiarsuk, al sur de Groenlandia.

UNA VIDA CONOCIDA GRACIAS A LAS SAGAS ESCANDINAVAS

La vida de Leif Erikson y sus aventuras nos han llegado a través de las sagas escandinavas. Estos relatos, escritos en prosa, narran los grandes acontecimientos y los hechos destacados de algunas personalidades vikingas. Transmitidos y transformados durante varias generaciones oralmente, los textos se pusieron por escrito alrededor del año 1250. Existen dos sagas que nos hablan de la vida de Leif Erikson:

- la *Saga de Erik el Rojo*;
- la *Saga Grœnlendinga* (o *Saga de los groenlandeses*).

Estos dos textos son una valiosa fuente de información, aunque en ocasiones se alejan y se contradicen.

UNA INFANCIA EN EL EXILIO

Leif Erikson habría nacido hacia el 970, probablemente en Islandia. Sus padres son Thjodhild y Erik el Rojo, cuyo verdadero nombre es Erik Thorvaldson (*c.* 930-1003), que le debe este apodo a su cabellera pelirroja. La familia, originaria de Noruega, se instala en esta isla tras los crímenes de sangre cometidos por el abuelo de Leif Erikson, Thorvald Asvaldsson, que se ve obligado a exiliarse con los suyos.

Diez años más tarde, la historia se repite cuando Erik el Rojo se enfrenta a un grupo de islandeses, a los que acaba matando. La familia vuelve a ser desterrada, y en esta ocasión prueba suerte en el oeste. Así, Erik el Rojo descubre el sur de Groenlandia, donde funda una primera colonia europea. Con la esperanza de atraer a más colonos, el jefe vikingo llama a esta isla «tierra verde» (*groen-land*), a pesar la dureza de su clima. Leif Erikson, que por entonces no es más que un niño, se convierte así pues en el hijo del hombre más rico y más temido de la pequeña colonia groenlandesa.

EL DESCUBRIMIENTO DEL CRISTIANISMO

Cuando se hace mayor, Leif Erikson realiza un primer viaje que le lleva a las Hébridas, un archipiélago situado en el noroeste de Escocia, y a su tierra de origen, Noruega. Durante este viaje, conoce a una noble dama, Thorgunna, con la que tiene un hijo, Thorgils.

A continuación, el vikingo llega a la corte del rey noruego Olaf I (*c.* 963-1000), y se convierte en uno de sus caballeros más cercanos. Influido por este rey, que se ha propuesto cristianizar toda Noruega, Leif Erikson renuncia a los dioses paganos y se convierte a esta nueva religión.

A petición de Olaf I, el joven acepta llevarse a misioneros cristianos a Groenlandia para dar a conocer este nuevo culto. Una vez allí, manda construir la primera iglesia del territorio groenlandés, y esto a pesar del descontento de su padre, apegado a las antiguas divinidades.

UN RUMOR EN EL ORIGEN DE SU EXPEDICIÓN

Hacia el año 1000, Leif Erikson se entera de un rumor que sacude a la pequeña colonia. Un tal Bjarni Herjolfsson (navegante islandés, *c.* 965-*c.*1000) se habría perdido en el mar cuando pescaba, en algún lugar entre Islandia y Groenlandia. Su navío se habría desviado hacia el oeste, donde habría avistado una tierra aún desconocida. Intrigado, Leif Erikson decide lanzarse en busca de este nuevo país gracias a las indicaciones de dicho pescador, que finalmente había logrado regresar a casa.

Acompañado de 35 hombres, pone rumbo hacia el oeste y enseguida descubre el ansiado territorio, al que nombra Vinland (la actual Terranova). Al lograrlo, Leif Erikson se convierte en el primer europeo en pisar suelo americano, y esto mucho antes de que Cristóbal Colón descubriera América (1492). A pesar de las abundantes riquezas de esta nueva tierra, se queda solo unos meses antes de regresar a Groenlandia, puede que para tomar las riendas de la colonia de su padre.

Dibujo que representa a Leif Erikson justo después de descubrir Vinland.

Algunos años más tarde, probablemente alrededor del año 1020, Leif Erikson muere rodeado de los suyos. Le habría dejado su territorio a su segundo hijo, Thorkell.

CONTEXTO POLÍTICO, SOCIAL Y ECONÓMICO

Este increíble descubrimiento de América por parte de Leif Erikson unos 500 años antes de que lo hiciera Cristóbal Colón solo fue posible gracias a la superioridad tecnológica de los vikingos en el ámbito de la navegación. Lejos del lugar que ocupan en el imaginario colectivo, los vikingos son grandes exploradores y navegantes, que cuentan con unos navíos de una sofisticación que nadie en el resto del continente europeo había logrado igualar.

¿HAS DICHO VIKINGO?

Los vikingos o normandos, es decir, los «hombres del Norte», como se llamaron en el pasado, son pueblos de navegantes, comerciantes y piratas que viven entre el siglo VIII y el XI. Son originarios de los países escandinavos (Dinamarca, Noruega y Suecia), pero también colonizan diversas regiones en Europa, en el Mediterráneo, a orillas del mar Negro y hasta en Norteamérica.

El término «vikingo» tiene sus raíces en el nórdico antiguo (lengua extinta hablada en Escandinavia y en Islandia) y hace referencia a las expediciones marítimas emprendidas por estos experimentados navegantes.

Los historiadores califican de «época vikinga» a algunos siglos (aproximadamente del 700 al 1100 de nuestra era) durante los que numerosos vikingos abandonaron su Escandinavia natal para descubrir nuevas tierras y riquezas.

Esta época se termina cuando en Escandinavia se reafirman los poderes monárquicos centralizadores y la población se convierte al cristianismo. Entonces, los vikingos pierden progresivamente sus ritos y costumbres para abrazar un modo de vida similar al del resto de la Europa medieval.

UN PUEBLO DE COMERCIANTES...

La vida del vikingo está ante todo marcada por el ritmo de las estaciones: agricultor en invierno, se convierte en navegante y comerciante en verano, cuando la meteorología es más clemente. Para estas poblaciones nórdicas, el comercio es necesario para hacerse con ciertos productos que no pueden encontrarse en Escandinavia, como las especias, la seda, el vino, o hasta la plata. En contrapartida, los vikingos exportan mercancías como madera, lana, hierro, miel, pescado, estaño o incluso marfil de morsa.

Así pues, los vikingos comercian no solo con los europeos, sino también con los árabes y con las poblaciones eslavas de Rusia. No obstante, en Europa continental, algunos mercaderes cristianos se muestran reticentes a la idea de comerciar con ellos debido a sus creencias en divinidades paganas. Pero los vikingos no dudan en recurrir a la fuerza para hacerse con lo que necesitan. De hecho, los saqueos son parte integrante de las costumbres nórdicas y estos piratas paganos no tienen ningún escrúpulo en atacar iglesias, conventos, monasterios y otros lugares de culto rebosantes de riquezas. Estos saqueos también siembran el terror entre la población, a la que no perdonan.

En otras partes, el comercio es más pacífico y algunos

grupos de vikingos se establecen durante más tiempo en algunas regiones. Así, se crean puestos comerciales y granjas en Inglaterra, en Escocia, en Irlanda y en las islas Feroe (antiguo archipiélago situado entre el mar de Noruega y el océano Atlántico Norte). Este gusto por los viajes y los descubrimientos se convierte en una tradición familiar y generaciones enteras se desplazan de tierra a tierra. La familia de Leif Erikson no se escapa a la norma de esta tradición del viaje e incluso llega a destacar.

… Y DE GRANDES NAVEGANTES

El que los vikingos emprendan tales expediciones en una época en la que los navegantes europeos apenas se atreven a alejarse de las costas para navegar por los océanos, se debe a que cuentan con navíos con mejores prestaciones, pero también a sus amplios conocimientos marítimos heredados a través de generaciones.

Sin lugar a dudas, los vikingos son célebres por sus *drakkars*, embarcaciones legendarias con cabezas de dragones esculpidas en la proa y en la popa. Su avance tecnológico se basa sobre todo en una muy buena comprensión del funcionamiento de sus barcos y en su uso al máximo de su potencial. Los hombres del Norte utilizan dos tipos de barcos muy diferentes, en función del objetivo (comercial o bélico) y del contexto (fluvial u oceánico) de su expedición:

• el *långskip*, el «barco de guerra», largo y delgado, se utiliza para remontar los ríos. Su forma esbelta le permite alcanzar una velocidad considerable, útil para saqueos rápidos;

- el *knarr*, o «barco de mar», es un navío muy diferente al anterior. Más ancho y pesado, es también más robusto y más capaz de enfrentarse al océano. Su vela amovible permite, entre otras cosas, navegar con viento favorable y viajar a una velocidad relativamente rápida para la época. De hecho, la tripulación de Leif Erikson navega hasta América del Norte a bordo de un *knarr*.

Además de este buen equipamiento, los vikingos también son verdaderos expertos en la observación y la orientación. De hecho, logran guiarse gracias al minucioso análisis de la posición de las estrellas y del sol, o incluso del color del agua. También llegan a liberar aves en alta mar para seguirlas hasta la tierra más cercana. Los vikingos están muy por delante del resto de Europa, ya que hay que esperar al siglo XV y a Enrique el Navegante (príncipe portugués, 1394-1460) para que los europeos tengan las capacidades tecnológicas necesarias para alejarse de la costa y emprender la exploración de nuevas tierras.

LA EXPEDICIÓN

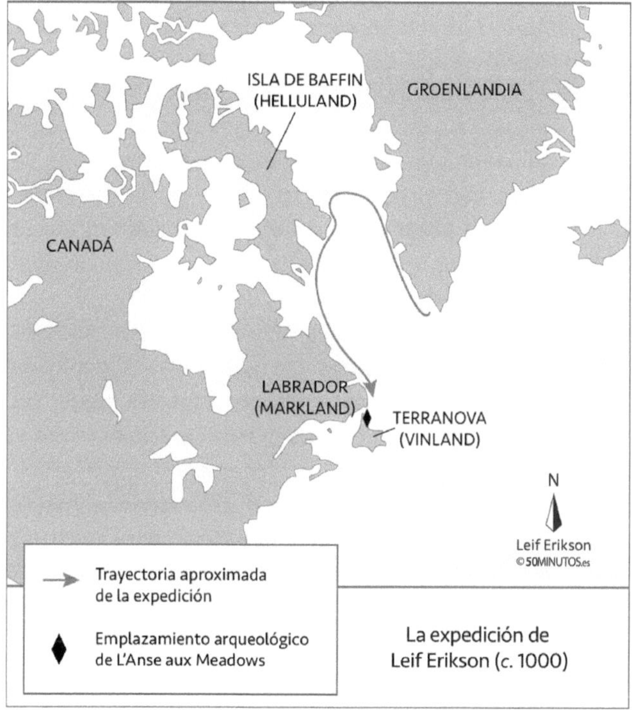

EN BUSCA DE NUEVAS RIQUEZAS

El viaje de Leif Erikson, que ha llegado hasta nosotros gracias a las sagas escandinavas, completa un movimiento colonizador emprendido por varias generaciones de la familia de Erikson en dirección al oeste.

A Leif Erikson le surge la idea de este viaje cuando regresa de Noruega y oye hablar del descubrimiento de una tierra desconocida por un pescador extraviado, Bjanri Herjoltsson. Para el hijo de Erik el Rojo, el reto de la expedición es doble:

- el descubrimiento de una nueva tierra sin colonizar le permitiría igualar, o incluso superar las proezas de su abuelo y de su padre, que se establecieron respectivamente en territorios aún vírgenes en Islandia y en Groenlandia. Al repetir las hazañas de sus ancestros, Leif Erikson se asegura adquirir una gran gloria y marcar con su nombre la historia vikinga;
- Groenlandia no es un territorio acogedor y sus condiciones de vida son muy duras. De hecho, esta isla, situada alrededor del círculo polar, es un territorio hostil: los días son muy cortos en invierno; hace un frío extremo y, sobre todo, no cuenta con prácticamente ningún árbol. Sin embargo, la madera es un producto extremadamente valioso para los vikingos, que la utilizan para construir sus casas y sus embarcaciones, y la importación de madera procedente de Europa es costosa para la pequeña colonia groenlandesa. El descubrimiento de una nueva tierra llena de árboles y más cercana a Groenlandia sería, por lo tanto, una gran ventaja económica.

Hacia el año 1000, Leif Erikson elige a una tripulación de 35 hombres, entre los que se encuentra el pescador Bjanri Herjoltsson, y se hace a la mar.

UN NAVÍO VIKINGO EN DIRECCIÓN A AMÉRICA

Las sagas no se detienen en el viaje marítimo de Leif Erikson. Los textos solo narran que la tripulación de 35 hombres habría navegado durante 6 días gracias a un viento favorable. Sin embargo, el viaje no fue tranquilo: hubo que evitar icebergs, afrontar los vientos y contentarse con cerveza y platos fríos durante la travesía.

Leif Erikson y sus hombres se detuvieron varias veces a lo largo de la costa canadiense antes de establecerse en el territorio que más les convenía. Así, las sagas cuentan que la tripulación desembarca en un terreno rocoso y desolado, al que nombran «Helluland» (tierra de piedras planas) y que podría corresponderse con la descripción de la actual isla de Baffin, al norte de Canadá. Debido probablemente al carácter hostil de esta región rocosa y glacial, la tripulación no se establece allí y continúa su ruta hacia el sur, bordeando las costas de Labrador. En este punto, se detiene y lo llama «Markland», es decir, «tierra de bosques». Finalmente, tras dos días más de viaje, los vikingos llegan por fin a una tierra que consideran que les ofrece todas las riquezas soñadas y deciden establecerse allí para pasar el invierno: se trata de Vinland.

Leif Erikson descubre América, pintura de Christian Krohg, 1893.

La travesía solo es posible gracias al *knarr*, lo suficientemente sólido como para alejarse de la costa y atravesar el océano. En 1996, el capitán danés Gunnar Marel Eggertsson quiso reconstruir un navío vikingo idéntico, siguiendo las técnicas antiguas, para estudiar sus capacidades y demostrar la veracidad del viaje de Leif Erikson. Para lograrlo, se inspiró en los restos descubiertos por los arqueólogos. Así nace el Islendigur, un navío de 22,5 metros de largo por 5,3 metros de ancho que pesa más de 18 toneladas. Este barco, fabricado con madera de roble escandinava, precisó el uso de más de 5000 clavos.

En el año 2000, con motivo del milenario del descubrimiento de América por Leif Erikson, Gunnar Marel Eggertsson decide surcar los mares a bordo del Islendigur para realizar la travesía entre Islandia y las costas canadienses en las mismas condiciones que el explorador vikingo. La tripulación, formada por 9 hombres, parte de Reikiavik (Islandia) el 17 de junio del 2000 para llegar a Terranova el 28 de julio de ese mismo año. Este viaje, más largo que la travesía de Leif Erikson, se explica por las numerosas paradas que hizo la tripulación en diversos lugares de Islandia, Groenlandia y Canadá para celebrar la conmemoración. El navío continúa su ruta hacia el sur y llega a Nueva York el 5 de octubre del 2000, aunque probablemente los vikingos nunca llegaron a esta región.

VINLAND

Tras un pasaje por los países de Helluland y de Markland, la tripulación llega a Vinland. Leif Erikson elige esta acogedora tierra para instalarse durante los meses de invierno que están a punto de llegar. Las ventajas del lugar son numerosas: los días son más largos en invierno y hace menos frío que en Groenlandia. Además, los ríos están llenos de salmones y en los bosques hay muchas presas de caza. Y, lo que es más, los vikingos encuentran la deseada materia prima: la madera, necesaria para construir sus casas y sus embarcaciones. Así pues, se reúnen todas las condiciones para atraer a este grupo de hombres, acostumbrados a la dureza y al frío de las tierras groenlandesas.

¿En qué zona concreta se establecieron Leif Erikson y sus hombres? Los historiadores se han apoyado en la descripción hecha por los vikingos y han estudiado la ruta que habrían podido seguir. Hoy en día, parece factible que la tripulación llegara en primer lugar a la isla de Baffin —a la que llaman «Helluland»— antes de bordear las costas de Labrador —Markland— y de establecerse en Vinland, que se correspondería con la isla de Terranova, donde se descubrió un campamento vikingo en el emplazamiento arqueológico de L'Anse aux Meadows. El nombre «Vinland» significaría «tierra de viñas» y habría sido otorgado por un miembro de la tripulación tras descubrir que había uvas en el lugar.

A pesar de las riquezas de esta nueva tierra, Leif Erikson solo se queda unos meses antes de regresar a Groenlandia, quizás para recuperar las tierras de su padre, Erik el Rojo. Por desgracia, poco se sabe de esta primera colonia europea establecida en territorio americano. Sin embargo, las sagas explican que se habrían formado dos grupos entre los vikingos: el primero se habría mantenido en el campamento para pescar y cazar, mientras que el segundo se habría encargado de explorar los alrededores. Ignoramos hasta qué punto pudo aventurarse este segundo grupo, pero algunos historiadores tienen la teoría de que los vikingos habrían podido llegar a la actual frontera estadounidense. De hecho, el descubrimiento en el campamento vikingo de L'Anse aux Meadows de nueces procedentes del nogal blanco americano, un árbol que solo crece en el sur de Canadá y en el norte de los Estados Unidos, demostraría que los hombres de Leif Erikson habrían podido llegar a regiones mucho más meridionales que Terranova. Desgraciadamente, hoy en día no se ha realizado ningún otro descubrimiento que pueda corroborar esta hipótesis.

Tras el regreso de Leif Erikson a Groenlandia, varios grupos de colonización, formados por hombres, mujeres y niños, se habrían aventurado a Vinland para aprovechar sus numerosas riquezas. Las sagas narran que las poblaciones vikingas instaladas en el nuevo continente habrían entrado en contacto con las poblaciones amerindias locales. Ambos grupos habrían comerciado juntos hasta que estalla una disputa que desencadena una guerra entre amerindios y vikingos. Atemorizados, estos últimos prefieren abandonar las ricas tierras de Vinland y volver a casa. Así pues, tras solo algunos años de ocupación, los vikingos se van de América del Norte y vuelven a sus inhóspitas tierras de Groenlandia, abandonando entonces cualquier esperanza de colonizar el nuevo continente y de instalarse en el mismo a largo plazo.

REPERCUSIONES

El descubrimiento de América por los vikingos se ha mantenido relativamente en secreto e incluso se habría olvidado de no ser por las sagas escandinavas, que alabaron la hazaña. ¿Cómo se explica que este importante acontecimiento histórico haya pasado prácticamente desapercibido en comparación con el «redescubrimiento» del continente por Cristóbal Colón en 1492? Son varios los factores que lo explican:

- la falta de medios de la expedición. Leif Erikson abandona la pequeña colonia groenlandesa de su padre con una tripulación de 35 hombres. Al contrario de su sucesor, Cristóbal Colón, que será financiado por los reyes españoles, el vikingo dispone de recursos materiales y financieros reducidos;
- el carácter efímero de la colonización. A pesar de las riquezas de Vinland, los vikingos no se quedan mucho tiempo en América del Norte. De hecho, solo algunos colonos llegados de Groenlandia prueban suerte en este nuevo territorio. Además, los amerindios, que ya viven allí, se muestran enseguida hostiles contra los recién llegados que, aterrorizados, prefieren irse del continente americano. Así pues, el descubrimiento de América de Leif Erikson solo conlleva una efímera colonización y no es comparable con la transformación que provocará su descubrimiento por Cristóbal Colón algunos cientos de años después. Equipados con armas de fuego, los españoles toman el continente a la fuerza y abren la vía al comercio intercontinental y a la colonización masiva

de América por parte de los europeos;

- el olvido de los vikingos por el resto del mundo. Después de su salida de América del Norte, las pocas familias vikingas que se habrían establecido allí regresan a Groenlandia, a pesar de las duras condiciones climáticas propias de esta región. La colonia fundada por Erik el Rojo sigue poblada hasta el siglo XIII, antes de ser a su vez abandonada finalmente. De esta forma, la existencia de esta región alejada y su historia han sido progresivamente olvidadas por el resto de Europa. Habría podido suceder lo mismo con los nombres de Leif Erikson y de Erik el Rojo de no ser por las sagas escandinavas que conservaron su huella. De hecho, es el redescubrimiento de estos textos lo que relanza la teoría del descubrimiento de América por los vikingos entre los historiadores del siglo XIX. Pero solo se confirma esta hipótesis a partir de 1960, con el descubrimiento de las ruinas del campamento de L'Anse aux Meadows por parte de los arqueólogos noruegos Helge Ingstad (1899-2001) y Anne Stine Ingstad (1918-1997). En efecto, el análisis de los vestigios arquitectónicos, así como del material arqueológico encontrado en este emplazamiento, confirma que el campamento es de origen vikingo y no indio, como creía la población local. Además, una datación por carbono 14 demuestra que estuvo efectivamente ocupado alrededor del año 1000, lo que constituye la prueba definitiva de la presencia de vikingos en Norteamérica.

Los Estados Unidos y Escandinavia han otorgado a Leif Erikson un gran honor al atribuirle no solo el descubrimiento de América, sino también la paternidad simbólica de la gran comunidad escandinava que vive en los Estados Unidos. Por ello, el Congreso Estadounidense decidió honrar a este gran explorador y a toda la comunidad americana de origen nórdico instaurando un día anual de conmemoración. Desde 1964 se celebra el 9 de octubre el *Leif Erikson Day*. Esta fecha no se corresponde con un acontecimiento preciso en la vida del navegante vikingo, pero fue elegida en recuerdo a la llegada a Nueva York de la embarcación Restauration, que transportaba a numerosos migrantes noruegos el 9 de octubre de 1825.

EN RESUMEN

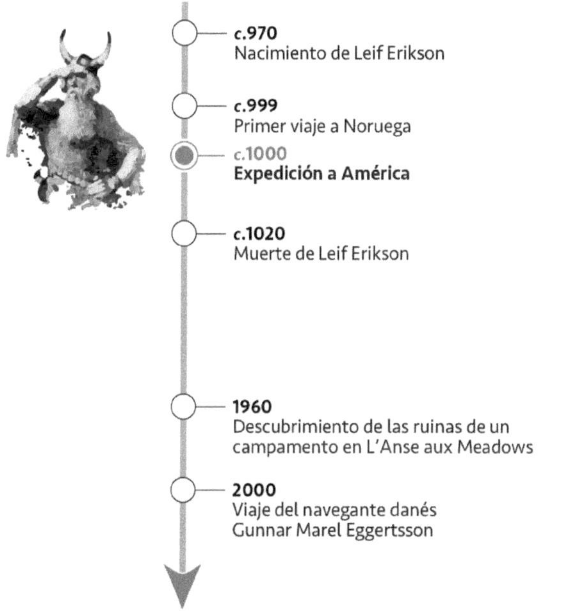

- Leif Erikson es un explorador vikingo que vive en torno al año 1000 de nuestra era. Es hijo de Erik el Rojo, descubridor y colonizador de Groenlandia.

- La vida y los viajes de ambos hombres son narradas en las sagas escandinavas, que hablan de la vida real o legendaria de personalidades vikingas. Estos relatos, puestos por escrito varios siglos después de los hechos, se contradicen en ocasiones.

- Hacia el año 999, Leif Erikson emprende un primer viaje hacia Noruega, a la corte de Olaf I, que se ha convertido al cristianismo. Bajo influencia del rey, Leif Erikson abraza esta fe y acepta llevarse con él a misionarios hasta Groenlandia.

- Tras escuchar el relato de un pescador perdido en el mar que dice haber avistado tierras desconocidas, el navegante decide buscar estos nuevos territorios. Abandona Groenlandia hacia el año 1000 de nuestra era y se dirige hacia el oeste, esperando encontrar nuevas riquezas, como la madera, muy difícil de conseguir en Groenlandia.

- La tierra descubierta es bautizada como Vinland porque se descubren uvas en el lugar. Esta región, identificada hoy en día como Terranova, está repleta de riquezas. Leif Erikson solo se queda algunos meses, pero varias familias vikingas se establecen allí.

- Un pequeño grupo habría continuado explorando la región y seguramente habría podido llegar a la actual frontera estadounidense, aunque no se ha encontrado ningún otro campamento vikingo en este lugar.

- Esta pequeña colonia es efímera y los vikingos abandonan el continente americano pocos años después, debido probablemente a una guerra con los amerindios.

- Leif Erikson y la presencia vikinga en Norteamérica se han olvidado durante casi 1000 años, antes de que historiadores y arqueólogos los redescubrieran gracias a las sagas nórdicas.

- Hoy en día, Estados Unidos y Escandinavia honran al vikingo, al que no solo le atribuyen el descubrimiento de América, sino también la paternidad simbólica de la gran comunidad escandinava de los Estados Unidos.

¡Tu opinión nos interesa!
¡Deja un comentario en la página web de tu librería en línea,
y comparte tus favoritos en las redes sociales!

PARA IR MÁS ALLÁ

FUENTES BIBLIOGRÁFICAS

- Boyer, Régis. 1978. *Les sagas islandaises*. París: Payot.
- Bozellec, Anne, Maurice Gravier y Lucie Albertini. 1981. *La Saga d'Éric le Rouge. Contes nordiques*. París: Gallimard, colección *Folio junior légendes*.
- Colectivo. 1978. "Le Canada depuis 12 000 ans. Le Canada depuis l'origine: villages esquimaux, Indiens Iroquois, les Vikings et l'énigme du Vinland, les Français en Acadie, fouilles à Québec, les forteresses". En *Les dossiers de l'archéologie*, n.° 27.
- BBC, "Leif Ericson". Consultado el 17 de mayo de 2014. http://www.bbc.co.uk/history/historic_figures/erikson_leif.shtml
- Morison, Samuel. 1971. *The European Discovery of America. The Northern Voyages AD. 500-1600*, tomo 1. Nueva York: Oxford University Press.
- "Viking". En *BBC*. Consultado el 17 de mayo de 2014. http://www.bbc.co.uk/history/ancient/vikings
- Vinding, Niels. 1998. *The Viking Discovery of America (985 to 1008). The Greenland Norse and their Voyages to Newfoundland*. Madison: Edwin Mellen Press.

FUENTES COMPLEMENTARIAS

- Apps, Roy y Alan Marks. 1998. *The Sagas of Leif Erikson: Outlaw's Son*. Hove: Macdonald Young Books.
- Ingstad, Helge. 1969. *Westward to Vinland: the Discovery of Pre-Columbian Norse House-Sites in North America*.

Londres: Jonathan Cape.

- Mackay Brown, George. 1992. *Vinland*. Londres: John Murray.
- Magnusson, Magnus. 1965. *The Vinland Sagas: the Norse Discovery of America*. Baltimore: Penguin.

FUENTES ICONOGRÁFICAS

- Estatua de Leif Erikson en Qassiarsuk, al sur de Groenlandia. © Camilla Hey.
- Dibujo que representa a Leif Erikson justo después de descubrir Vinland. La imagen reproducida está libre de derechos.
- *Leif Erikson descubre América*, pintura de Christian Krohg, 1893. La imagen reproducida está libre de derechos.

DOCUMENTAL

- *The Vikings. Voyage to America*. Dirigido por Brian Leckey, con Josh Bernstein. Estados Unidos, 2006.

en50MINUTOS.es
Historia
Economía y empresa
Coaching
EL DIAGRAMA DE ISHIKAWA
LA GUERRA DE PALESTINA DE 1948
DOMINA EL ARTE DEL NETWORKING

www.en50Minutos.es

ISBN ebook: 9782806277824

ISBN papel: 782806281524

Depósito legal: D/2016/12603/208

Libro realizado por Primento, el socio digital de los editores